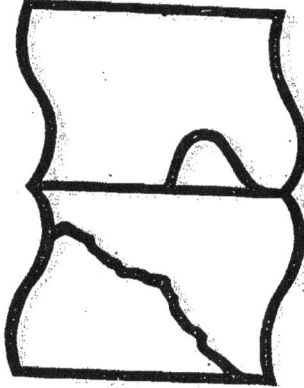

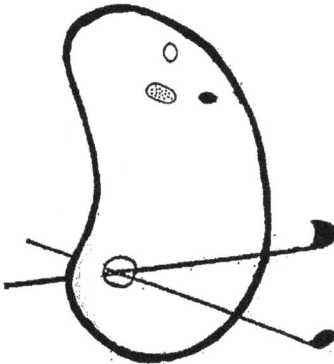

DE LA DROITE

IANIÈRE DE VIVRE

PAR

B. DE SPINOZA

Traduite en français et annotée

PAR J.-G. PRAT

—————

Deuxième édition entièrement revue et corrigée

—————

PARIS

GEORGES DECAUX, ÉDITEUR

7, RUE DU CROISSANT, 7

—

1877

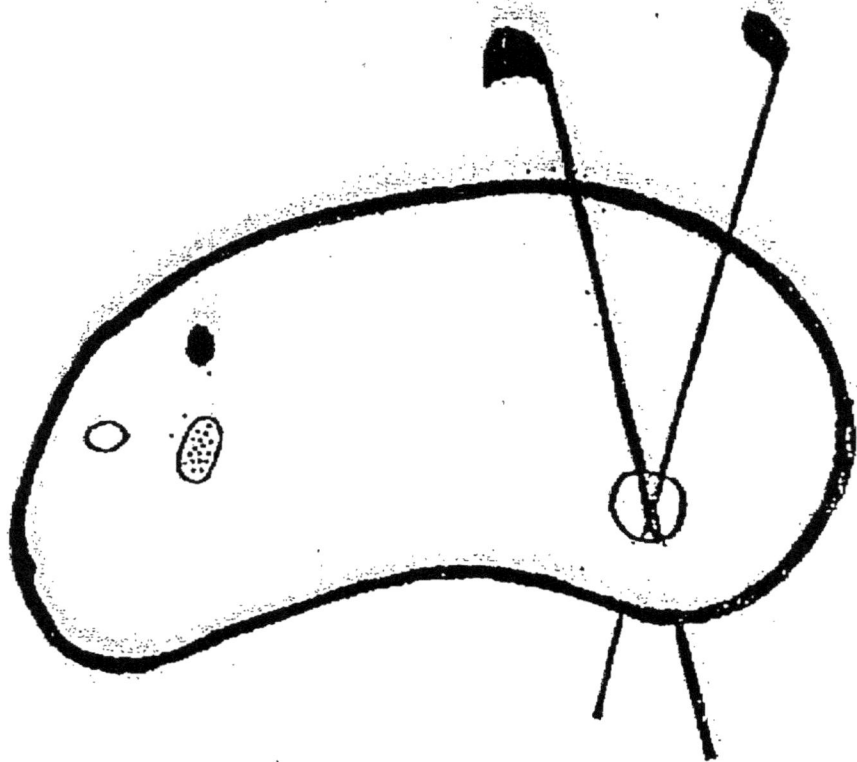

FIN D'UNE SERIE DE DOCUMENTS
EN COULEUR

DE LA DROITE
MANIÈRE DE VIVRE

DE LA DROITE
MANIÈRE DE VIVRE

PAR

B. DE SPINOZA

Traduite en français et annotée

PAR J.-G. PRAT

Deuxième édition entièrement revue et corrigée

PARIS

GEORGES DECAUX, ÉDITEUR

7, RUE DU CROISSANT, 7

1877

PAUL CHENAVARD

A vous qui aimez et qui admirez, comme
l'une des plus pures et des plus grandes
figures qui ait passé parmi les hommes, le mo-
deste et profond penseur qui s'appelle Spinoza;

Je dédie ce petit livre, où se trouve comme
condensée la quintessence de la Morale de l'émi-
nent philosophe.

ŒUVRES COMPLÈTES DE SPINOZA

Traduites et annotées par J.-G. Prat.

———

(L. HACHETTE ET Cie)

———

Tome I. — Biographies de Spinoza. — Principes de la Philosophie de Descartes, et Méditations métaphysiques. (Avec portrait et autographe) Prix . . . . . 4 fr.

Tome II. — Traité Théologico politique Prix. 4 fr.

Tome III. — Éthique (*sous presse*).

Traité politique (*épuisé*).

———

PARIS. — Impr. J. CLAYE. — A. QUANTIN et Ce, rue St-Benoît.

NOTICE

SUR SPINOZA[1]

Bénoît ou Benedict de Spinoza, fils de marchands juifs portu-

---

1. Cette courte notice, donnée pour la première fois en français, est extraite çà et là de la Préface des *Œuvres posthumes*, publiées l'année même de la mort de Spinoza, par Iarrig Jellis et le docteur Louis Meyer.

C'est à ces deux fidèles disciples, et à l'honnête et courageux Jean Riewertz, imprimeur à Amsterdam, que nous devons de connaître l'œuvre capitale de ce grand homme de bien et de ce grand philosophe.

gais, honnêtes et aisés, qui s'étaient retirés en Hollande pour échapper aux persécutions que subissaient alors leurs co-religionnaires en Portugal, est né à Amsterdam, le 24 novembre 1632.

« Nourri dans les lettres dès le jeune âge, disent ses deux éditeurs et amis, il étudia pendant plusieurs années la théologie. Parvenu à la maturité de son esprit, il se livra tout entier à la philosophie. Les maîtres et les écrivains en cette science ne lui donnant pas toute la satisfaction qu'il désirait, entraîné par son ardeur de savoir, il résolut de tenter ce qu'il pouvait faire par lui-même dans cet ordre d'idées. Les écrits de l'illustre Descartes lui furent d'un grand secours dans son entreprise.

« Après s'être délivré de toutes les occupations et du soin des affaires qui apportent tant d'obstacles à la recherche de la vérité, et pour n'être point troublé dans ses méditations par ses amis, il quitta Amsterdam où il est né et où il a été élevé, et s'en alla habiter d'abord Rheinburg, puis Voorburg et finalement La Haye.

« Il ne s'absorba pas tout entier dans la recherche de la vérité; mais il s'exerça aussi, en son particulier, dans la science de l'optique, tournant et polissant des verres destinés aux télescopes et aux microscopes. Il montra ce qu'il était capable de faire dans cet art; et si une mort intempestive ne l'eût ravi, l'on était en droit d'attendre de lui les plus importantes découvertes.

« Encore qu'il se soit entièrement séquestré du monde et retiré dans la solitude, il fut néanmoins en relations avec un certain nombre de personnages éminents par leurs écrits et par leurs hautes positions, qu'attiraient vers lui sa solide érudition et la pénétration de son esprit; comme on le peut voir par les lettres qui lui ont été écrites et par les réponses qu'il y a faites.

« La plus grande partie de son temps se passait à scruter la nature des choses, à mettre en ordre ses idées, à les communiquer à ses amis, et il en employait fort peu à se récréer. L'ardeur au travail dont il était dévoré atteignit un tel degré que, au témoignage des gens chez qui il habitait, il resta trois mois consécutifs sans sortir en public. Bien plus, pour n'être point dérangé dans ses études et les pouvoir poursuivre au gré de ses désirs, il refusa modestement le poste de professeur à l'Université d'Heidelberg, que lui avait fait offrir le sérénissime Électeur Palatin.

« Le fruit de ces travaux fut la publication, en 1663, de la 1re et de la 11e partie des *Principes de la philosophie de Descartes,* augmentés des *Méditations métaphysiques;* puis, en 1670, la publication du *Traité théologico-poli-tique*.

« C'est encore à lui que l'on doit les *Œuvres posthumes,* contenant l'*Éthique* (ou Traité de morale), divisé en cinq parties ; le *Traité politique* commencé peu de temps avant la mort de l'auteur, et qu'il n'eut pas le temps de terminer ; le *Traité de la Réforme de l'entendement*, l'un des premiers ouvrages de notre philosophe, et demeuré inachevé ; l'*Abrégé de la grammaire hébraïque*, également non terminé ; et enfin Sa *Correspondance,* aussi complète qu'il a été possible de se la procurer[1].

« Il est présumable qu'il existe encore, enfoui quelque part, chez tel ou tel, quelque opuscule de notre philosophe que l'on ne trouvera point dans les *Œuvres posthumes*. On estime, toutefois, que l'on n'y rencontrerait rien qui n'ait été dit fort souvent dans les autres écrits. A moins que l'on ne veuille parler du petit *Traité de l'Iris* que l'auteur avait composé plusieurs années auparavant, à la connaissance de certaines per-

[1]. M. Van Vloten aurait retrouvé quelques lettres.

sonnes, et qui gît quelque part, si l'auteur ne l'a jeté au feu, comme il est probable [1].

« Notre auteur s'était proposé aussi d'écrire *l'algèbre* par une méthode plus rapide et plus intelligible, et de composer d'autres ouvrages, comme le lui ont entendu dire, à plusieurs reprises, différents de ses amis. Sans aucun doute encore il eût démontré *la véritable nature du mouvement*, et comment l'on peut déduire à priori

1. M. Van Vloten aurait retrouvé ce petit *Traité de l'Iris*, ainsi qu'un autre opuscule intitulé *de Deo*, etc., qui serait le canevas de *l'Éthique*.

tant de variétés dans la matière, etc., sujets dont il est fait mention dans les lettres LXIII et LXIV. Mais la mort est venue montrer que, rarement, les hommes peuvent mener à terme leurs desseins. »

Spinoza est décédé à La Haye, atteint de phthisie, le 21 février 1677, à l'âge de quarante-quatre ans et quelques mois.

AVANT-PROPOS

DE

LA PREMIÈRE ÉDITION (1860.)

Au moment où la Philosophie, cette science sacrée des principes, sans la connaissance et la pratique desquels il ne peut y avoir, dans un État quel qu'il soit, ni vraie justice, ni saine morale, ni bonne politique, ni paix réelle, ni prospérité véritable, est tenue ouvertement en dédain par *ceux-ci,* qui, malheureusement, et pour eux et pour nous, n'en aperçoivent ni la grandeur, ni l'importance capitale ; et vouée publiquement au mépris par *ceux-là,* qui comprennent trop bien, au contraire, que, du triomphe et de l'application des idées philosophiques, résulterait infailliblement l'avénement de la vérité, la déroute définitive des superstitions et du mensonge, et, par voie de conséquence, la consommation de leur propre ruine ; en un tel moment, disons-nous, il nous a semblé utile et curieux, tout ensemble, d'extraire des œuvres du plus grand des philosophes, d'un sublime et doux penseur, à peine connu, pour ainsi dire, dans notre France, ou connu, seulement, par les basses calomnies perfidement répandues sur ses écrits et sur sa mémoire, une sorte de petit Traité précieux de morale commune, à la portée de toutes les intelligences.

A la lecture de ce petit livre, par la méditation de ces courts chapitres, les cœurs sincères, les honnêtes gens, les hommes de bonne foi de tous les partis pourront voir aisément, nous en avons l'assurance :

1° Si la philosophie est décidément une occupation vaine, creuse, inutile et stérile ;

Et 2° de quel côté se trouvent les vrais disciples du Christ, les véritables amis de leurs semblables, les soutiens de la justice, les défenseurs des faibles et des opprimés :

S'ils habitent les palais somptueux de ces

Éminences qui, pour conserver au détriment
de tous, leur haute position et leurs mon-
strueux priviléges, tendent tous leurs efforts
à réveiller, en plein XIXᵉ siècle, les passions
éteintes des âges barbares, soufflent les
haines, allument les discordes, fomentent
les factions, harcèlent les gouvernements de
leurs vœux liberticides; ou bien, si par
hasard, ces vrais disciples du Christ, ces
amis de la justice et de leurs semblables, ne
demeureraient pas plutôt sous la tente mo-
deste des philosophes, dont la vie, perpétuel
sacrifice au juste, au vrai, au bien, se passe
à prêcher la liberté de conscience, la paix,
la concorde, la solidarité entre tous les
citoyens d'une même patrie, aussi bien
qu'entre tous les hommes de races et de reli-
gions différentes.

AVERTISSEMENT

DE SPINOZA

LES *principes que j'ai émis, dans cette partie*[1], *sur la droite manière de vivre, ne sont pas disposés de telle sorte qu'ils puissent être embrassés d'un seul coup d'œil. Je les ai démontrés çà et là, suivant qu'il m'était plus facile de les déduire les uns des autres. Je me suis donc proposé de rassembler ici ces mêmes principes, et de les réduire aux points essentiels.*

1. La IVe de l'*Éthique*.

———

DE LA DROITE
MANIÈRE DE VIVRE

CHAPITRE PREMIER

Tous nos efforts, autrement dit tous désirs, s'ensuivent de la nécessité de notre nature, de telle sorte qu'ils peuvent être compris, ou par elle seule, comme par sa cause prochaine, ou en tant que nous sommes une partie de la Nature, laquelle partie ne peut être conçue par soi, d'une manière adéquate, sans les autres individus[1].

---

1. L'effort d'un homme pour faire ou pour obtenir quelque chose, n'est que la traduction, la mise en acte de son désir. Ce désir résulte nécessaire-

ment de la nature même de celui qui l'éprouve ;
et on le peut expliquer, soit en tant qu'il relève
directement de la volonté consciente et réfléchie
de l'homme qui ressent ce désir, soit en tant qu'il
a pour cause, non l'intelligence ou la raison seule
de l'homme, mais la pression, l'entraînement des
choses extérieures de la Nature, dont l'homme
fait partie.

CHAPITRE II

Les *désirs* qui s'ensuivent de notre nature, de telle sorte qu'ils puissent être compris par elle seule, ce sont ceux qui se rapportent à l'âme, en tant qu'on la conçoit composée d'idées *adéquates* [1].

Pour les autres désirs, ils ne se rapportent à l'âme, qu'en tant qu'elle conçoit les choses d'une manière *inadéquate* [2], et leur force et leur accroissement doivent être définis, non point par la puissance humaine, mais par la puissance des choses qui sont en dehors de nous.

C'est pourquoi les premiers de ces désirs sont justement appelés des *actions* ; et les seconds, des *passions*.

1. C'est-à-dire d'idées, claires, distinctes, conformes à la vérité et à la réalité des choses.

2. C'est-à-dire d'une façon troublée, mutilée, confuse, ne s'accordant point avec la vérité et la réalité des choses.

Les *premiers*, en effet, marquent toujours notre puissance; les *seconds*, au contraire, notre impuissance et une connaissance mutilée [1].

---

1. Les désirs et les efforts qui peuvent être expliqués par la seule nature de l'homme, comme par sa cause prochaine, produit de sa volonté consciente et réfléchie, sont justement appelés des *actions*, parce que, dans ce cas, c'est bien l'homme lui-même qui *agit* dans la plénitude de sa raison et de sa puissance.

Les désirs et les efforts, au contraire, qui reconnaissent pour cause la pression et l'entraînement des choses extérieures, et non la volonté consciente et réfléchie de l'homme, sont justement appelés des *passions*, parce que, dans ce cas, l'homme, au lieu d'agir par sa propre vertu, souffre d'être conduit par des objets du dehors, et ne marque alors que son impuissance et la faiblesse de son intelligence.

CHAPITRE III

Nos *actions*, c'est-à-dire ces *désirs* qui sont définis par la puissance, autrement dit par la raison de l'homme, sont toujours bonnes.

Pour les autres, elles peuvent être aussi bien bonnes que mauvaises[1].

---

1. Les actions que l'homme accomplit dans la plénitude de sa puissance, après les avoir longuement pesées dans son intelligence, après les avoir soumises au contrôle sévère de sa raison, presque toujours sont bonnes. Pour les autres actions, où n'intervient pas la réflexion, où la raison n'est pas consultée, il y a grand'chance pour qu'elles soient plutôt mauvaises que bonnes.

CHAPITRE IV

IL est donc utile, sur toutes choses, dans la vie, de perfectionner, autant que nous le pouvons, l'entendement ou la raison, et c'est en cela seul que consiste la souveraine félicité de l'homme ou sa béatitude : car la béatitude ce n'est rien autre autre chose que la quiétude même de l'âme, laquelle naît de la connaissance intuitive de Dieu.

Or, perfectionner l'entendement, ce n'est rien autre chose, non plus, que comprendre Dieu[1], les attributs de Dieu et

---

1. C'est-à-dire la Nature entière, son ordre fixe et immuable, ses règles constantes et nécessaires, ses lois universelles et éternelles, et toutes les manifestations indéfinies de son infinie puissance ; Astres, Êtres, Animaux, Plantes, etc., etc.

« *Plus nous comprenons les choses particulières, et plus nous comprenons Dieu.* »

(Spinoza, *Éthique*, part. V, prop. XXIV.)

les actions qui s'ensuivent de la nécessité de sa nature.

C'est pourquoi la fin dernière de l'homme qui est conduit par la raison, c'est-à-dire le souverain désir par lequel il s'étudie à modérer tous les autres, c'est celui qui le porte à se concevoir lui-même d'une manière adéquate, ainsi que toutes les choses qui peuvent tomber sous son intelligence[1].

---

1. Rien n'est donc interdit, de par les lois de Dieu ou de la Nature, aux investigations curieuses de la raison humaine. Il n'y a donc point de *mystère* pretendu sacre que l'intelligence de l'homme n'ait le droit de sonder ; point de *miracle* pretendu divin que son entendement n'ait le devoir d'éclaircir ; mais toutes choses, quelles qu'elles soient, *tant sacrées que profanes,* tombent dans le domaine de son observation ; et, nous l répétons, c'est, à la fois, et son droit et son devoir de s'en rendre compte par tous les moyens à sa disposition, et de fixer à leur égard, autant qu'il lui est possible, tous ses doutes et toutes ses incertitudes.

CHAPITRE V

IL n'est donc nulle vie raisonnable, sans intelligence, et les choses ne sont bonnes, qu'en tant qu'elles aident l'homme à jouir de la vie de l'âme, qui est définie par l'intelligence.

Les choses qui empêchent l'homme, au contraire, de perfectionner la raison et de pouvoir jouir de la vie raisonnable, ce sont celles-là seulement que nous appelons mauvaises [1].

---

1. Les superstitions, par exemple, la foi aux miracles, l'exercice de pratiques aussi vaines que niaises, l'abandon de sa personnalité, le renoncement à son libre examen, une soumission abjecte devant des ordres envoyés soi-disant du ciel par l'entremise d'individus de chair comme nous, et tout ce qui peut entraver le large développement des facultés intellectuelles de l'homme.

CHAPITRE VI

Mais comme toutes ces choses, dont l'homme est la cause efficiente, sont nécessairement bonnes, il ne peut donc arriver rien de mauvais à l'homme que par les causes extérieures ; c'est à savoir en tant qu'il est une partie de la Nature entière, aux lois de laquelle la nature humaine est obligée d'obéir, et à qui elle est forcée de s'accommoder d'une infinité de manières, en quelque sorte.

CHAPITRE VII

ET il ne se peut pas faire que l'homme ne soit pas une partie de la Nature, et ne suive pas son ordre universel.

Mais si l'homme se trouve au milieu d'individus constitués de telle sorte qu'ils s'accordent avec sa nature, par cela même la puissance d'agir de l'homme sera augmentée et fortifiée.

Que s'il se trouve, au contraire, parmi des êtres tels, qu'ils ne s'accordent nullement avec sa nature, ce ne sera pas sans une grande modification de lui-même qu'il pourra s'accommoder à eux.

CHAPITRE VIII

Tout ce qui est, dans la nature des choses, que nous jugeons être mauvais, c'est-à-dire pouvoir nous empêcher d'exister, *et de jouir de la vie raisonnable*, il nous est permis de l'écarter de nous, par le moyen qui nous semble le plus assuré.

Et tout ce qui existe, au contraire, que nous jugeons bon, c'est-à-dire utile pour conserver notre être, *et pour jouir de la vie raisonnable*, il nous est permis de l'acquérir pour notre usage, et de nous en servir de quelque manière que ce soit.

Et, *absolument*[1], il est permis à chacun,

1. C'est-à-dire *dans l'absolu*, dans l'état de nature, avant l'organisation de toute Société civile. Car ce que Spinoza recommande, sur toutes choses, aux hommes qui recherchent ce qui leur est véritablement utile, dans l'état civil, c'est d'obéir tout

par le droit souverain de la Nature, de faire ce qu'il juge contribuer à son utilité.

SCHOLIE II DE LA PROP. XXXVII
(*Éthique* part. IV).

Tout homme existe par le droit souverain de la Nature. En conséquence, par le droit souverain de la Nature, tout homme accomplit les actes qui ré ultent de la nécessité de

d'abord, de bon cœur, aux lois et aux décrets de leur patrie, encore qu'ils les croient injustes; c'est de conformer leur manière de vivre au bien commun et à l'utilité générale ; c'est de pratiquer constamment la justice et la charité envers tous les individus, quelle que soit la religion qu'ils professent et à quelque nation qu'ils appartiennent; c'est, enfin, d'appliquer tout leur zèle aux choses qui peuvent faire naître l'amitié parmi les hommes, et procurer la concorde. (Voyez particulièrement *Éthique,* part. IV, le Scholie de la Prop. XVIII, et les Scholies de la Prop. XXXVII. — *Traité Théologico-politique,* les chap. V, XIV, XVI, XIX et XX. — *Traité politique,* les chap. II et III, etc.)

sa nature ; et, par conséquent, par le droit souverain de la Nature, tout homme juge de ce qui est bon, de ce qui est mauvais, veille à son utilité d'après sa manière de voir, se venge lui-même, s'efforce de conserver ce qu'il aime, et de détruire ce qu'il a en haine.

Que si les hommes vivaient d'après la conduite de la raison, chacun jouirait de ce droit propre, sans nul dommage pour autrui. Mais comme les hommes sont sujets aux passions, lesquelles surpassent de beaucoup la puissance ou la vertu humaine, souvent, alors, les hommes sont tiraillés en sens divers, souvent ils sont contraires les uns aux autres, tandis qu'ils ont besoin d'une mutuelle assistance.

Afin donc que les hommes puissent vivre en bon accord, et s'être secourables, il est nécessaire qu'ils cèdent une certaine partie de leur droit naturel, et qu'ils se donnent l'assurance réciproque qu'ils ne feront rien qui puisse tourner au détriment d'autrui.

Or, comment cela s'est-il pu faire que les

hommes, qui sont nécessairement soumis aux passions, et ondoyants, et divers, se soient donné cette assurance réciproque, et aient eu foi les uns dans les autres? C'est ce que l'on voit clairement par la Proposition VII, partie IV, et par la Proposition XXXIX, partie III de l'*Éthique ;* à savoir qu'aucune passion ne peut être domptée que par une passion contraire et plus forte ; et que chacun s'abstient de porter préjudice à autrui, dans la crainte d'un mal plus grand.

A cette condition donc la Société pourra s'établir, si elle revendique pour elle-même le droit que chacun possède de se venger, de juger de ce qui est bien, de ce qui est mal ; et si, par suite, elle a le pouvoir de prescrire une commune manière de vivre, de rendre les lois, et de les faire respecter, non point par la raison qui ne peut réprimer les passions, mais par la menace de châtiments.

Cette Société, basée sur les lois et sur le pouvoir de se conserver elle-même, s'appelle l'*État*, et ceux qui sont défendus par son droit, se nomment *Citoyens*.

D'où nous comprenons facilement qu'il n'y a rien, dans l'état de nature, qui soit bien ou mal du consentement de tous, puisque tout individu, vivant dans l'état de nature, consulte seulement son utilité, décide, d'après sa manière de voir, et en ne tenant compte que de son propre intérêt, de ce qui est bon ou de ce qui est mauvais, et n'est tenu par aucune loi d'obéir à personne qu'à lui seul. Dans l'état de nature par conséquent l'on ne peut concevoir le *péché*.

Mais il en est tout autrement dans l'état civil, où l'on décide, par le consentement commun, ce qui est bien, ce qui est mal, et où chacun est tenu d'obtempérer aux ordres de l'État. C'est là que l'on peut concevoir le *péché*, lequel alors, n'est rien autre chose que *l'inobéissance*, qui est punie par le seul droit de l'État; tandis que *l'obéissance*, au contraire, est comptée comme mérite au citoyen, en raison de quoi il est jugé digne de jouir des avantages de l'État.

En second lieu, dans l'état de nature, personne n'est le maître d'une certaine chose, du consentement commun ; et il n'y a rien, dans la Nature, que l'on puisse dire appartenir à tel homme et non à tel autre ; mais toutes choses sont à tous. Dans l'état de nature, par conséquent, l'on ne peut concevoir aucune volonté d'attribuer à chacun le sien, ou de ravir à quelqu'un ce qui lui appartient. En d'autres termes, dans l'état de nature, il n'y a rien que l'on puisse dire juste ou injuste.

Mais il en va tout différemment dans l'état civil ; car c'est là que l'on décide, par le consentement commun, ce qui appartient à celui-ci, et ce qui appartient à celui-là.

D'où l'on voit que le *juste*, et l'*injuste*, que le *péché* et le *mérite* sont des notions extrinséques, et non des attributs qui expliquent la nature de l'âme. Mais en voilà assez sur ce sujet.

PROP. XL. (*Éthique* part. IV).

Tout ce qui contribue à former une société commune entre les hommes, en d'autres ter-

mes tout ce qui fait que les hommes vivent
dans la concorde, est utile; et, au contraire,
tout ce qui introduit la discorde dans l'État,
est mauvais.

DÉMONSTRATION.

En effet, les choses qui font que les hommes vivent dans la concorde, font en même
temps qu'ils vivent d'après la conduite de la
raison, et par conséquent sont bonnes ; et,
pour le même motif[1], les choses qui excitent
les discordes, ce sont celles-là qui sont mauvaises au contraire.

1. C'est-à-dire parce qu'elles empêchent en même
temps les hommes de vivre d'après la conduite de
la raison.

CHAPITRE IX.

RIEN ne se peut mieux accorder avec la nature d'une certaine chose, que d'autres individus de même espèce. Par conséquent *(par le Chapitre VII)* il n'est rien de plus utile à l'homme, pour conserver son être, *et pour jouir de la vie raisonnable*, que l'homme qui est conduit par la raison[1].

En second lieu, comme, entre les

---

1. Il est bien certain, n'en déplaise aux thaumaturges et aux théophages, que, dans aucun cas, l'homme ne peut espérer recevoir d'aide sérieuse et de secours efficace sur le globe où il accomplit sa destinée, que de la part d'êtres semblables a lui, c'est à savoir de la part d'autres hommes ; et, parmi ces êtres semblables a lui, ou ces autres hommes, que de ceux-là surtout qui sont conduits par la raison ; car l'assistance qu'il reçoit alors, outre qu'elle est réfléchie, outre qu'elle a l'intelligence pour guide, est presque toujours sincère,

choses particulières, nous ne connaissons rien de plus excellent que l'homme, qui est conduit par la raison, en nulle affaire donc personne ne peut mieux montrer ce qu'il vaut, comme art et comme intelligence, qu'en élevant les hommes

effective, désintéressée et prêtée par le noble sentiment du devoir.

Vouloir donc, comme plusieurs le prêchent, vouloir tenir en dedain le secours si précieux et indispensable des hommes, et l'afficher même en mepris, se croiser béatement les bras, regarder piteusement en l'air, marmotter machinalement, dans une langue qui ne se parle plus, des mots que l'on ne comprend pas, et s'imaginer que, lorsqu'il en sera le plus besoin, il vous descendra on ne sait d'où, apporté par des êtres qui n'auront rien d'humain, et contrairement à l'ordre immuable des lois universelles de la Nature, une assistance matérielle, et même spirituelle, pour vous aider dans votre detresse, pour favoriser votre lâche inertie, et vous épargner la peine de vous secouer, de vous roidir, de tendre vos muscles, de dresser la tête, de donner le branle à votre intelligence, de mettre en plein exercice votre activité, c'est assurément le comble de l'ignorance et le dernier degré de la sottise.

de telle sorte, qu'ils vivent enfin d'après le commandement propre de la raison.

PROP. XXXV. (*Éthique* part. IV).

Tant que les hommes vivent d'après la conduite de la raison, ils s'accordent toujours nécessairement par nature.

• • • • • • • • • • • • • • •

COROLLAIRE I.

Il n'y a aucune chose particulière, dans la nature des choses, qui soit plus utile à l'homme, que l'homme, qui vit d'après la conduite de la raison. Car ce qui est utile à l'homme, sur toutes choses, c'est ce qui s'accorde le mieux avec sa nature, c'est à savoir l'homme.

Or l'homme agit absolument selon les lois de sa nature, quand il vit d'après la conduite de la raison; et c'est seulement alors qu'il s'accorde toujours nécessairement avec la nature des autres hommes. Il n'y a donc rien de plus utile à l'homme, parmi les choses particulières, que l'homme qui vit d'après la conduite de la raison.

———

CHAPITRE X

TANT que les hommes nourrissent les uns contre les autres des sentiments d'envie ou quelque autre affection de haine, ils sont contraires les uns aux autres, et d'autant plus à craindre, qu'ils ont plus de puissance que les autres individus de la Nature.

CHAPITRE XI

TOUTEFOIS, ce n'est point par les armes que l'on triomphe des cœurs, mais par l'amour et par la générosité[1].

***

PROP. XLVI. (*Ethique* part. IV.)

Celui qui vit d'après la conduite de la raison, s'efforce, autant qu'il lui est possible, de balancer au contraire par l'amour, c'est-à-dire par la générosité, la haine, la colère, le mépris, etc., d'autrui contre lui.

DÉMONSTRATION.

Toutes les affections de haine sont mauvaises.

1. Ne croirait-on pas entendre une parole échappée des lèvres du grand crucifié? Au surplus, pour

En conséquence, celui qui vit d'après la conduite de la raison s'efforcera, autant qu'il est en lui, de n'être point en proie à ces passions, et, en même temps, il fera tous ses efforts pour que les autres ne soient point affligés de passions semblables. Mais la haine s'accroît par une haine réciproque, et elle peut être éteinte, au contraire, par l'amour, de telle sorte que la haine se change en amour. Celui qui vit d'après la conduite de la raison, s'efforcera donc de balancer par l'amour, c'est-à-dire par la générosité, la haine d'autrui contre lui.

SCHOLIE.

Celui qui veut venger ses injures par une haine réciproque, vit assurément misérable. Mais celui, au contraire, qui s'applique à prendre d'assaut la haine, par l'amour, celui-

toute sa morale particulière, comme on le peut voir aisément, Spinoza relève directement du Christ. Il en est le véritable continuateur, et, pour ainsi dire, le démonstrateur scientifique.

là combat joyeux et tranquille ; il résiste aussi facilement à un seul homme qu'à plusieurs ; et il n'a besoin que le moins possible du secours de la fortune.

Quant à ceux dont il a triomphé, ceux-là s'en vont pleins de joie, non point avec une diminution, mais avec un accroissement de leurs forces. Toutes vérités qui résultent si clairement des seules définitions de l'amour et de l'entendement, qu'il est inutile de les démontrer en détail.

————

Toutefois, pour les âmes tendres, pour les cœurs généreux, trop disposés dans la pratique ordinaire de la vie, a pardonner sans cesse et a se sacrifier perpétuellement aux intérêts egoïstes des autres, nous croyons utile de présenter les restrictions suivantes, recommandées par Spinoza lui-même.

. . . . . De même encore quand le Christ dit : *Si quelqu'un te frappe à la joue droite, présente-lui aussi la gauche,* et les paroles qui suivent.

Si le Christ eut prescrit de telles règles aux Juges, comme Législateur, il eut détruit par ce précepte la loi de Moïse, tandis qu'il avertit ouvertement du contraire. (Voyez *Mathieu*; Chap. V. Vers. 17.) C'est pourquoi il faut examiner qui a prononcé ces paroles, à quelles personnes elles ont été adressées, et en quel temps.

Or le Christ a parlé non point comme un Législateur qui instituait des lois, mais comme un docteur qui enseignait des préceptes. Car, comme nous l'avons fait voir ci-dessus, ce n'est pas tant les actions extérieures qu'il a voulu corriger, que le cœur lui-même. Ensuite le Christ adressa ces paroles à des hommes opprimés, vivant dans un gouvernement corrompu, où la justice était entièrement négligée, et dont il voyait la ruine imminente. Et ce que le Christ enseigne ici à la veille de la ruine de Jérusalem, nous voyons que Jérémie l'enseigne également lors de la première dévastation de la Ville, c'est-à-dire à une époque semblable. (Voy. *Lamentations*, Chap. III.)

Ainsi donc, comme les Prophètes n'enseignèrent ces doctrines, qu'à une époque d'oppression, comme nulle part elles ne furent décrétées à titre de lois, comme Moïse, au contraire, — lequel n'écrivit pas dans un temps d'oppression, mais qui s'appliqua (remarquez ceci) à constituer un bon gouvernement, — encore qu'il ait condamné la vengeance et la haine à l'égard du prochain, a ordonné cependant de donner œil pour œil, il suit de là très-clairement, par les seuls fondements de l'Écriture, que ces préceptes du Christ et de Jérémie sur le pardon des injures, et sur l'acte de céder aux méchants en toutes choses, ne se peuvent pratiquer que dans des lieux où la Justice est délaissée, et à des époques d'oppression, et non sous un bon gouvernement. Tout au contraire, dans un bon gouvernement, où la Justice est protégée, tout citoyen est tenu, s'il veut passer pour juste, de poursuivre devant le Juge la réparation de l'injustice (Voy. *Lévit.* Chap. v, Vers. 1), non point par vengeance (Voy. *Lévit.* Chap. xix, vers. 17, 18), mais dans le désir de défendre la Justice et les lois de la Patrie, et afin qu'il ne soit pas avantageux aux méchants d'être méchants. Toutes choses aussi qui s'accordent entièrement avec la raison naturelle.

(*Traité Théologico-politique.* Chap. VII, § II de notre édition.)

Et cet autre passage non moins significatif :

« C'est un acte pieux, par exemple, quand quelqu'un lutte avec moi, et me veut enlever ma tunique, de lui donner encore mon manteau. Mais dès que l'on juge qu'un fait semblable est funeste à la conservation de l'État, c'est un acte pieux, au contraire, de citer l'agresseur en justice, encore qu'il doive être condamné à mort. »

(*Traité Théologico-politique.* Chap. XIX, § II de notre édition.)

CHAPITRE XII

IL est utile aux hommes, sur toutes choses, de s'unir ensemble et de se resserrer par des liens, les plus propres à faire de tous les hommes un seul homme [1], et, absolument, de faire tout ce qui sert à affermir les amitiés.

SCHOLIE DE LA PROP. XVIII.
(*Éthique,* part. IV.)

Par ce petit nombre de Propositions, j'ai expliqué les causes de l'impuissance et de l'inconstance humaines, et pourquoi les hommes n'observent pas les préceptes de la raison.

Il me reste maintenant à montrer ce que c'est que la raison nous prescrit, quelles passions s'accordent avec les règles de la

1. *Ut omnes unum sint,* a dit saint Paul.

raison humaine, et quelles, d'un autre côté, leur sont contraires.

Mais avant de faire cette démonstration en détail, selon notre ordre géométrique, je veux indiquer d'abord brièvement les préceptes mêmes de la raison, afin que chacun perçoive plus facilement ce que je pense.

La raison ne demandant rien contre la nature, la raison demande donc que chacun s'aime soi-même, que chacun cherche ce qui lui est véritablement utile, que chacun désire tout ce qui conduit l'homme réellement à une perfection plus grande, et, absolument, que chacun s'efforce, autant qu'il est en lui, de conserver son être.

Toutes propositions aussi nécessairement vraies qu'il est vrai que le tout est plus grand que sa partie.

En second lieu, puisque la vertu ce n'est rien autre que d'agir d'après les lois de sa propre nature, et que personne ne s'efforce de conserver son être que d'après les lois de sa nature propre, il s'ensuit :

Premièrement, que le fondement de la vertu, c'est cet effort même pour conserver son être, et que le bonheur consiste en ce point, que l'homme peut conserver son être ;

Secondement, il s'ensuit que la vertu doit être désirée pour elle-même, et qu'il n'est rien de préférable à elle, ou qui nous soit plus utile, qui la doive faire désirer ;

Troisièmement, enfin, il s'ensuit que ceux qui se tuent sont des impuissants d'âme, entièrement vaincus par des causes extérieures contraires à leur nature.

Du Postulat IV, partie II de l'*Éthique,* il s'ensuit encore que jamais nous ne pourrons arriver, pour conserver notre être, à n'avoir point besoin des choses qui sont en dehors de nous; et que jamais nous ne vivrons de telle sorte, que nous n'entretenions nul commerce avec les objets extérieurs. En outre, si nous considérons notre âme, nous verrons que notre entendement serait assurément moins parfait, si notre âme vivait dans l'isolement, et ne comprenait rien qu'elle-même.

Il y a donc, en dehors de nous, une foule de choses qui nous sont utiles, et que nous devons désirer par cela même.

Parmi ces choses, l'on n'en peut imaginer aucunes de plus excellentes que celles qui s'accordent entièrement avec notre nature. Si deux individus, en effet, d'une nature entièrement semblable, s'unissent ensemble, ils formeront un individu deux fois plus puissant qu'un seul.

Il n'est donc rien de plus utile à l'homme, que l'homme. *Oui! dis-je, les hommes ne peuvent souhaiter rien de plus excellent pour conserver leur être, que de s'accorder tous, en toute choses, de telle sorte,* QUE LES AMES ET LES CORPS DE TOUS COMPOSENT COMME UNE SEULE AME ET UN SEUL CORPS; *que tous ensemble, autant qu'il leur est possible, s'efforcent de conserver leur être; et que tous ensemble recherchent pour soi-même le bien commun de tous.*

D'où il suit que les hommes qui sont gouvernés par la raison, c'est-à-dire les hommes qui recherchent ce qui leur est utile, d'après la conduite de la raison, ne désirent rien pour eux-mêmes, qu'ils ne désirent pour les autres, et sont par conséquent des hommes justes, fidèles et honnêtes.

Tels sont les dictamens de la raison que je m'étais proposé de montrer ici par ce peu de mots, avant de les démontrer d'une façon plus étendue. Que si je l'ai fait, c'était pour me concilier, s'il était possible, l'attention de ceux qui croient que ce principe, *que chacun est tenu de rechercher ce qui lui est utile*, est un principe d'impiété, et non le fondement de la vertu et de la piété. Ainsi donc, après avoir fait voir brièvement que la chose est bien différente, je poursuis, etc.

CHAPITRE XIII

MAIS, pour ce faire, un art et une vigilance extrêmes sont nécessaires ; car les hommes sont différents (ils sont rares, en effet, ceux qui vivent d'après les prescriptions de la raison), et la plupart du temps, cependant, on les voit envieux les uns des autres, et bien plus enclins à la vengeance qu'à la miséricorde.

Supporter chacun selon son caractère, et se contenir soi-même pour n'imiter point leurs passions, est donc l'œuvre d'une force d'âme singulière.

Mais pour ceux, au contraire, qui ne savent que blâmer les hommes, que reprocher les vices plutôt que d'enseigner les vertus, que briser les cœurs au lieu de les affermir, ceux-là sont insupportables et aux autres et à eux-mêmes[1].

1. Ceci s'adresse non-seulement à tous les hommes en général, mais particulièrement à ces

C'est de là que, par une impatience d'âme excessive et par un faux zèle de religion, beaucoup d'individus ont mieux aimé vivre au milieu des bêtes que parmi les hommes. Tels ces enfants ou ces adolescents qui, ne pouvant supporter patiemment les reproches de leurs parents,

prêtres ou pasteurs de toute religion, infidèles a leur mandat, qui, au lieu d'enseigner simplement et doucement au peuple les purs préceptes de la Morale, au lieu de l'instruire uniquement de ses différents devoirs (lesquels ne sont pas autres que ceux d'affection et de prévoyance envers sa famille, de dévouement à la patrie, de justice et de charité à l'égard de tous ses semblables), qui, au lieu de le dégager de jour en jour davantage des langes honteux des superstitions grossières, d'étendre son intelligence, de purifier son entendement, de fortifier et d'assainir son âme, ne songent, pour briller et pour paraître, et pour maintenir courbés sous le joug les esprits des hommes, qu'à semer l'épouvante au cœur des simples et à jeter la terreur au sein des faibles; qu'à faire ployer les genoux devant des divinités de fabrique nouvelle, et à dérouter les consciences par un culte immonde de chair; qu'à évoquer les fantômes se jettent dans l'état militaire. Et ils préfèrent les inconvénients de la guerre et le commandement d'un tyran, aux avantages du foyer domestique, aux admonitions paternelles; et ils souffrent qu'on leur impose les plus lourdes charges, pourvu qu'ils se vengent de leurs parents.

---

hideux d'êtres impossibles, et a présenter l'image de supplices ridiculement terribles; qu'a attiser partout les haines sanguinaires et à entretenir par force les farouches discordes; qu'a faire prendre enfin en un stupide mépris, la libre activité et la culture sainte de la vie, et à diviniser hautement la servitude et la mort.

CHAPITRE XIV

Ainsi donc, encore que les hommes dirigent toutes choses, d'ordinaire, au gré de leur caprice, il résulte cependant beaucoup plus d'avantages de leur société commune que d'inconvénients.

C'est pourquoi il est mieux de supporter patiemment leurs injustices, et d'appliquer son zèle aux choses qui font naître la concorde et l'amitié.

***

Scholie de la Prop. XXXV,
(*Éthique*, part. IV).

Ce que nous avons montré tout à l'heure, l'expérience elle-même l'atteste par tant et de si clairs témoignages, que cette parole est dans la bouche de tout le monde, pour ainsi dire : *l'homme est pour l'homme un Dieu.*

Rarement il arrive cependant que les hommes vivent d'après la conduite de la raison; et ils sont ainsi faits qu'ils se portent envie la plupart du temps, et se font réciproquement du tort. C'est malaisément néanmoins qu'ils peuvent mener une vie solitaire; de sorte que cette définition « *l'homme est un animal sociable* » sourit fort à quantité de gens.

Et la chose est telle, en réalité, qu'il résulte beaucoup plus d'avantages de la société commune des hommes que d'inconvénients.

Que les Satiriques se moquent donc tant qu'ils voudront des choses humaines; que les Théologiens les prennent en détestation; que les Mélancoliques louent par dessus tout une vie inculte et rustique, qu'ils méprisent les hommes, qu'ils admirent les bêtes; les hommes éprouveront cependant qu'ils se procurent beaucoup plus facilement, par un mutuel secours, les choses dont ils ont besoin, et que ce n'est qu'en unissant leurs forces qu'ils peuvent éviter les périls qui les menacent de toutes parts. Et je passe maintenant sous silence qu'il est infiniment préférable et bien plus digne de notre connaissance de contempler les actes des hommes que ceux des bêtes.

CHAPITRE XV

LES choses qui produisent la concorde, ce sont celles qui se rapportent à la justice, à l'équité et à l'honnêteté. Car les hommes, outre ce qui est injuste et inique, supportent encore difficilement ce qui passe pour honteux ; en d'autres termes, qu'un individu méprise les mœurs acceptées dans la cité.

Mais, pour faire naître l'amour, ce qui est surtout nécessaire, c'est ce qui regarde la religion et la piété.

(Voyez à ce sujet les Scholies I et II de la Proposition XXXVII ; le Scholie de la Proposition XLVI[1] ; et le Scholie de la Proposition LXXIII, partie IV de l'*É-thique*.)

----

1. Voyez ci-dessus, pages 18 et 29.

Scholie I. de la Prop. XXXVII.

Celui qui fait effort, uniquement par passion, pour que les autres aiment ce qu'il aime, et vivent à sa guise, agit en aveugle, et se rend odieux principalement à ceux que charment d'autres objets, et qui, par cela même, s'efforcent et s'appliquent, avec la même impétuosité, à faire vivre autrui d'après leur manière de voir.

En outre, comme le souverain bien que les hommes désirent par la passion, souvent est d'une nature telle qu'un seul individu est à même d'en jouir, il s'ensuit que les amants ne sont pas toujours d'accord avec eux-mêmes ; et, tandis qu'ils se complaisent à chanter les louanges de l'objet de leur amour, ils tremblent au fond qu'ils ne soit ajouté une foi trop entière à leurs paroles. Mais celui qui s'efforce de conduire les autres par la raison, n'agit point avec emportement, mais avec douceur et bienveil-

lance, et il est toujours d'accord avec lui-
même.

Ensuite, tout ce que nous désirons et tout
ce que nous faisons, dont nous sommes
cause, en tant que nous avons l'idée de Dieu,
c'est-à-dire en tant que nous connaissons
Dieu, je le rapporte à la religion.

Le désir de bien faire qui naît de ce que
nous vivons d'après la conduite de la raison,
je le nomme *piété*.

Et le désir qui tient tout homme, vivant
d'après la conduite de la raison, de s'unir
aux autres hommes par l'amitié, je l'appelle
honnêteté; et je nomme *honnête* ce que
louent les hommes qui vivent d'après la
conduite de la raison; et *honteux,* au
contraire, ce qui s'oppose à la formation de
l'amitié...

Quant à la différence entre la vraie vertu
et l'impuissance, elle se perçoit aisément par
ce qui a été dit ci-dessus, à savoir :

Que LA VRAIE VERTU *ce n'est rien autre
chose que de vivre d'après la conduite seule de
la raison;*

Et que l'impuissance consiste uniquement en ceci, que l'homme se laisse conduire par les choses qui sont en dehors de lui, et qu'il est déterminé par elles à accomplir des actes en rapport avec la constitution commune des choses extérieures, mais nullement en harmonie avec sa nature propre, considérée en soi seule.

Tels sont les points que j'ai promis de démontrer au Scholie de la Proposition XVIII de cette partie.

D'où il apparaît que cette loi de ne point immoler les bêtes, est fondée sur une vaine superstition et sur une pitié de femme, bien plus que sur la saine raison.

La raison, il est vrai, nous enseigne que la nécessité de rechercher ce qui nous est utile, nous unit aux hommes ; mais elle ne nous enseigne pas que cette nécessité nous unit aux bêtes, ou aux choses dont la nature est différente de la nature humaine. Le droit qu'elles ont contre nous, nous l'avons contre elles. Bien plus, comme le droit de chaque chose se définit par sa vertu ou par sa puissance, les hommes ont sur les bêtes un droit bien autrement grand que celles-ci sur les hommes. Et je ne nie pas, toutefois, que les bêtes n'aient du sentiment. Mais je nie qu'il ne nous soit pas permis, par ce motif, de consulter notre utilité, d'user de ces bêtes comme il nous plaît, et de les traiter comme il nous convient le mieux, puisque, par nature, elles ne s'accordent point avec nous, et que leurs passions, par nature, sont différentes des passions humaines. (Voyez le Scholie de la Proposition LVII, partie III de *l'Éthique.*)

SCHOLIE DE LA PROP. LVII.

Il suit de là que les passions des animaux que l'on dit privés de raison (car nous ne pouvons douter en nulle façon, maintenant que nous connaissons l'origine de l'âme, que les bêtes n'aient du sentiment) diffèrent des passions des hommes, autant que leur nature diffère de la nature humaine.

Le cheval, tout comme l'homme, il est

vrai, est emporté par le désir de la généra-
tion. Mais, chez celui-là, c'est un désir
animal, tandis que, chez celui-ci, c'est un
penchant humain. De même, les désirs et les
appétits des insectes, des poissons, des oi-
seaux, doivent être aussi divers que leur
nature.

Ainsi donc, quoique chaque individu vive
content de sa nature, telle qu'il l'a reçue en
partage, et y trouve son bonheur; toutefois
cette existence dont chaque être est satis-
fait, et ce bonheur qui l'accompagne, ne sont
rien autre chose que *l'idée* ou l'âme de cet
individu; et, par suite, la joie de l'un diffère,
par nature, de la joie de l'autre, autant que
l'essence de l'un diffère de l'essence de
l'autre. C'est pourquoi la joie dont l'ivrogne
est transporté ressemble si peu à celle qui
est ressentie par le philosophe.

Scholie II de la Proposition XXXVII.
(Voyez ci-dessus page 18.)

CHAPITRE XVI

LA concorde naît parfois encore de la crainte; mais sans sincérité.

Ajoutez à cela que la crainte provient de l'impuissance de l'âme, et, par ce motif, n'appartient pas à l'usage de la raison, pas plus que la commisération, encore qu'elle revête l'apparence de la piété.

CHAPITRE XVII

LES hommes sont vaincus en outre par la libéralité, ceux-là principalement qui ne possèdent pas les moyens de se procurer les choses nécessaires au soutien de leur existence.

Mais porter secours à tous les indigents, est une tâche qui surpasse de beaucoup et les forces et les ressources d'un simple particulier; car les richesses d'un particulier sont bien trop insuffisantes pour subvenir à tant de besoins.

De plus, la puissance d'un seul homme est infiniment trop bornée pour pouvoir s'attacher tous les hommes par l'amitié.

C'est pourquoi le soin des pauvres incombe à la société tout entière, et regarde seulement l'utilité commune[1].

---

1. Dans l'état de nature, avant l'établissement de toute société civile, alors que l'homme jouit de la plénitude de son droit naturel, qu'il ne dépend que de lui-même, qu'il ne relève que de sa propre volonté, qu'il n'obéit à aucunes lois sociales, qu'il ne rend compte de ses actes à personne, qu'il fait tout ce qu'il veut ou ce qu'il peut faire, qu'il saisit partout où il campe, au gré de ses caprices et de sa vie errante, pour se nourrir et pour se vêtir, tout ce dont il peut s'emparer, et le considère comme sien et très-légitimement acquis, il est clair que, dans cette situation, l'homme n'a aucun droit *légal* de demander à qui que ce soit, pour les nécessités de sa vie, aide et assistance, et que son droit n'est rien de plus que la puissance personnelle dont il dispose.

Mais, dans l'état de société, quand l'homme, mieux éclairé sur ses véritables intérêts, et désireux d'une sécurité plus grande et d'une existence plus confortable, s'est dessaisi en faveur de la collectivité des citoyens, autrement dit de l'État, de la majeure partie de son droit absolu de nature (à l'exception, bien entendu, de son droit de penser et d'exprimer sa pensée qui sont inaliénables);

quand il s'est engagé, soit tacitement, soit expressément, à ne plus vivre désormais d'après sa seule fantaisie, à obéir constamment aux lois de l'État, dont il est membre, à y conformer tous les actes de sa vie, à *n'agir* en rien contre les décrets du souverain pouvoir *légitimement* élu de son pays, à respecter scrupuleusement les biens attribués par la Loi à chaque citoyen, et à ne plus s'emparer, comme étant sa propriété, de tout ce qui pourrait tomber sous sa main; il est bien évident que, dans cette nouvelle condition, s'il vient à manquer, soit par vieillesse, ou infirmité, soit par faute de travail, des choses indispensables au soutien et à la conservation de l'existence humaine, comme la nourriture, le vêtement, le logement, l'homme a le droit *légal* de réclamer à la Société ou à l'État, l'octroi de toutes ces choses.

D'où l'on voit aisément, comme le fait remarquer Spinoza :

1° Que, dans toute Société non barbare, LE DROIT A L'ASSISTANCE appartient normalement à tout citoyen pauvre et infirme, incapable de se procurer, par un travail quelconque, des moyens d'existence;

2° Que le DROIT AU TRAVAIL appartient *légalement* à tout citoyen valide voulant exercer ses robustes bras, pour gagner honorablement son pain et celui de sa famille;

Et, enfin, que c'est non seulement le *devoir* sacré et inéludable de tout Souverain Pouvoir d'un pays véritablement civilisé de satisfaire, par tous les moyens possibles, à l'exercice régulier *de ces deux droits;* mais encore que c'est son réel avantage et son intérêt bien entendu.

Les Législateurs philosophes de l'immortelle Convention nationale l'avaient parfaitement compris.

Par un décret du 19 mars 1793 (an II de la République française), décret qui demeura lettre morte, grâce aux conspirations incessantes des cléricaux et des monarchistes réunis, voici ce que ces grands hommes avaient résolu :

LA CONVENTION NATIONALE . . . .

« Après avoir déclaré comme principes :

1° QUE TOUT HOMME A DROIT A SA SUBSISTANCE PAR LE TRAVAIL, *s'il est valide;* PAR DES SECOURS GRATUITS, *s'il est hors d'état de travailler ;*

2° Que le soin de pourvoir a la subsistance du pauvre EST UNE DETTE NATIONALE, décrete :

. . . .

ARTICLE 6.

Il sera formé, *dans chaque canton,* une agence chargée, sous la surveillance des corps administratifs et du pouvoir exécutif, *de la distribution du travail et des secours* aux pauvres *valides* et *non valides* qui se seront fait inscrire *sur un registre* ouvert à cet effet *dans le canton.*

ARTICLE 7.

Les fonds de secours que la République destinera à l'indigence, seront divisés de la manière suivante :

1° *Travaux de secours pour les pauvres valides, dans les temps morts au travail ou de calamité ;*

2° *Secours à domicile pour les pauvres infirmes, leurs enfants, les vieillards ou les malades ;*

3° *Maisons de santé pour les malades qui n'ont point de domicile, ou qui ne pourront point recevoir de secours ;*

4° *Hospices pour les enfants abandonnés, pour les vieillards et les infirmes non domiciliés ;*

5° *Secours pour des accidents imprévus.*

CHAPITRE XVIII

Dans l'acte d'accepter des bienfaits, comme dans celui de témoigner sa reconnaissance, la manière d'agir doit être entièrement différente.

(Voyez à ce sujet le Scholie de la Proposition LXX, et le Scholie de la Proposition LXXI, partie IV de l'*Éthique.*)

PROP. LXX (*Éthique,* partie IV)

L'homme libre, qui vit parmi des ignorants, s'efforce, autant qu'il le peut, de décliner leurs bienfaits.

DÉMONSTRATION.

Chacun juge ce qui est bon, d'après son caractère. En conséquence l'ignorant qui a rendu service à quelqu'un, estimera ce bien-

fait d'après sa manière de voir ; et s'il re-
marque que celui à qui il a rendu ce service
le prise moins que lui-même, il en sera contristé.

Or l'homme libre s'applique à s'attacher
les autres hommes par l'amitié. Il ne cherche
point à rendre aux hommes des services
égaux, selon l'idée qu'ils s'en peuvent former;
mais il s'étudie à se conduire lui-même et à
conduire les autres par le libre jugement de
la raison, et à ne faire que ce qu'il sait être
le meilleur. Par conséquent l'homme libre,
pour ne pas encourir la haine des ignorants,
et pour ne se laisser point entraîner au gré
de leurs aveugles désirs, mais pour obéir à
la seule raison, s'efforcera, autant qu'il le
pourra, de décliner leurs bienfaits.

SCHOLIE

Je dis *autant qu'il le peut*. Car, encore
que les hommes soient ignorants, ce sont
pourtant des hommes, lesquels, dans les
nécessités de la vie, peuvent apporter un

secours humain, auquel nul n'est préférable.
Il arrive donc souvent qu'il soit nécessaire
d'accepter un service de la part d'hommes
ignorants, et de les en remercier selon leur
caractère. Joignez à cela que, même en dé-
clinant des services, il faut agir avec cir-
conspection, pour ne paraître point mépriser
ceux qui nous les offrent, ou craindre, par
avarice, de les en rémunérer. Et, ainsi,
tandis que nous éviterions leur haine, nous
courrerions risque par là de les mécontenter.
C'est pourquoi, dans l'acte de refuser des
services, il faut tenir compte de l'utile et de
l'honnête.

Proposition LXXXI

*Les hommes libres, seuls, sont très-recon-
naissants à l'égard les uns des autres.*

· · · · · · · · · · · · ·

Scholie

La reconnaissance que les hommes, conduits par l'aveugle désir, ont les uns pour
les autres est, d'ordinaire, un commerce ou

un piége, bien plutôt qu'une reconnaissance véritable.

L'ingratitude, d'autre part, n'est pas une
passion. L'ingratitude, toutefois, est hon-
teuse, parce qu'elle dénote presque toujours
un homme affecté d'une haine excessive, ou
par la colère, ou par l'orgueil, ou par l'avarice, etc.

Quant à celui qui, par sottise, ne sait
point rendre les bienfaits qu'il a reçus,
celui-là ne peut être appelé ingrat ; et bien
moins encore celui que les présents d'une
courtisane ne décident pas à satisfaire son
caprice, ou que les cadeaux d'un voleur
n'engagent pas à cacher le fruit de ses lar-
cins, et autres faits de ce genre. Celui-là,
au contraire, montre qu'il a une âme ferme,
qui ne se laisse corrompre par aucuns dons,
soit pour sa perte, soit pour la perte commune.

CHAPITRE XIX

L'AMOUR de courtisane, c'est-à-dire le caprice d'engendrer qui naît de la forme extérieure, et, absolument, tout amour qui reconnaît une autre cause que la liberté de l'âme, se change facilement en haine, à moins, ce qui est pire, qu'il ne devienne une espèce de délire. Et alors il est entretenu par la discorde bien plus que par la concorde.

(Voyez le Corollaire de la Proposition XXXI, partie III de l'*Éthique*.)

CHAPITRE XX

Pour ce qui est du mariage, il est certain qu'il s'accorde avec la raison, si le désir d'unir les corps n'est pas inspiré par la forme extérieure seule, mais aussi par l'intention de procréer des enfants et de les élever sagement; et si, de plus, l'amour de l'homme et de la femme a pour cause non la forme extérieure seule, mais principalement la liberté de l'âme.

CHAPITRE XXI

L'ADULATION produit aussi la concorde, mais par un honteux moyen d'esclavage ou par la perfidie ; car il n'est hommes plus aisément pris par la flatterie que les orgueilleux, qui veulent être au premier rang, et qui n'y peuvent atteindre.

CHAPITRE XXII

L'ABJECTION[1] revêt un faux air de piété et de religion. Et bien que l'abjection soit le contraire de l'orgueil, il n'est rien cependant de plus voisin de l'orgueilleux que l'homme abject.

(Voyez le Scholie de la Propos. LVII, *Éthique*, partie IV.)

PROPOSITION LVII

L'orgueilleux aime la présence des parasites, c'est-à-dire des flatteurs, et il hait celle des hommes généreux.

. . . .

1. La fausse humilité.

SCHOLIE

Il serait trop long d'énumérer ici tous les maux de l'orgueil, puisque les hommes orgueilleux sont sujets à toutes les passions, et à aucunes moins qu'aux passions de l'amour et de la miséricorde.

Mais il ne faut pas passer non plus sous silence que l'on appelle encore orgueilleux, celui qui pense des autres moins bien qu'il ne convient. Et, en ce sens, l'Orgueil peut être défini : *une Joie née de la fausse opinion qu'un homme croit être au-dessus des autres.*

L'Abjection, d'autre part, le contraire de cet orgueil, pourrait être définie : *une Tristesse née de la fausse opinion qu'un homme croit être au-dessous des autres.*

Ceci posé, nous concevons aisément que l'orgueilleux est nécessairement envieux, et que ceux surtout qu'il a en haine, ce sont les hommes vantés à cause de leurs vertus. Nous concevons encore sans peine que la haine des orgueilleux n'est pas facilement vaincue par l'amour ou par des bienfaits, et que ce qui les délecte par dessus tout, c'est la société des individus qui s'abandonnent au gré de leur âme impuissante, et d'un sot font un insensé !

L'abjection est le contraire de l'orgueil; et, cependant, il n'est rien de plus voisin de l'orgueilleux que l'homme abject.

En effet la tristesse de l'abject provenant de ce qu'il juge son impuissance, d'après la puissance ou la vertu des autres, cette tristesse sera donc adoucie, en d'autres termes l'abject sera réjoui si son imagination est occupée à contempler les vices d'autrui. D'où ce proverbe : *Le soulagement des malheureux, c'est d'avoir des compagnons de leurs maux*. Tout au contraire, l'abject sera d'autant plus contristé qu'il se sera cru plus au-dessous des autres. D'où il arrive qu'il n'y a pas d'êtres plus enclins à l'envie que les abjects, qu'ils s'empressent d'observer les actions des hommes pour les blâmer, bien plus que pour les corriger, qu'ils réservent tous leurs éloges pour l'abjection seule, et qu'ils en tirent vanité, mais de telle sorte néanmoins qu'ils paraissent toujours abjects.

Et ces défauts résultent aussi nécessairement de cette passion, qu'il résulte de la nature du triangle que ses trois angles sont égaux à deux droits.

Car, comme je l'ai déjà dit, je n'appelle ces passions, et autres semblables, passions mauvaises, qu'en tant que je ne considère que la seule utilité humaine. Mais les lois de la Nature regardent l'ordre commun de la Nature, dont l'homme est une partie.

Et j'ai voulu avertir de ceci en passant, afin que personne ne s'imagine que je me plais à raconter ici les vices des hommes et leurs actes absurdes, et non à démontrer la nature des choses et leurs propriétés. Car, comme je l'ai dit dans la Préface de la troisième partie, je considère les passions humaines et leurs propriétés, de la même façon que les autres choses naturelles. Et, certes, les passions humaines, si elles ne marquent pas la puissance de l'homme, révèlent toutefois la puissance et l'art de la Nature, non moins que beaucoup d'autres choses que nous admirons. et dont la contemplation a le privilége de nous charmer.

CHAPITRE XXIII

L A honte aide aussi à la concorde, dans
les choses seulement qui ne peuvent
être cachées. Au surplus, comme la honte
est une sorte de tristesse, elle n'a rien à
voir avec l'usage de la raison [1].

---

1. La honte est une tristesse accompagnée de
l'idée d'une certaine action, que nous nous imagi-
nons blâmée par les autres. (Définition XXXI des
passions. — *Éthique*, partie III.)

... Quoique la honte ne soit pas une vertu, elle
est cependant un bien, en tant qu'elle marque
chez l'homme, rougissant de honte, que le désir de
vivre honnêtement existe encore chez lui. De
même la douleur est un bien, parce qu'elle indique
que la partie blessée n'est pas encore putréfiée.
C'est pourquoi, encore que l'homme qui a honte
d'une certaine action, soit réellement triste, il est
cependant plus parfait que l'impudent qui n'a aucun
désir de vivre honnêtement. (Scholie de la Proposition LVIII. — *Éthique*, partie IV.)

CHAPIRE XXIV

LES autres affections de tristesse à l'égard des hommes sont directement opposées à la justice, à l'équité, à l'honnêteté, à la piété, à la religion ; et, encore que l'indignation semble revêtir l'apparence de l'équité, l'on vit cependant sans lois, là où il est permis à chacun de rendre un jugement sur les actes des autres, et de venger son droit ou celui d'autrui.

CHAPITRE XXV

L A modestie, c'est-à-dire le désir de plaire aux hommes qui est déterminé par la raison, se rapporte à la piété, comme nous l'avons dit au Scholie de la Proposition XXXVII, partie IV de l'*Éthique*. [1]

Mais si ce désir de plaire aux hommes naît de la passion, c'est l'ambition, c'est-à-dire le désir par lequel les hommes, sous couleur de piété, excitent le plus souvent des discordes et des séditions.

En effet, celui qui désire venir en aide aux autres par ses conseils ou d'une manière effective, afin qu'ils jouissent ensemble du souverain bien, celui-là s'appliquera sur toutes choses à se concilier l'amitié de ces personnes. Il ne s'efforcera pas de les ravir en admiration de lui-

1. Voyez page 47.

même, pour que l'enseignement qu'il donne tire de lui son nom ; et il fera tout son possible pour ne laisser aucune prise à la jalousie. Ensuite, dans les entretiens publics, il prendra bien garde de raconter les vices des hommes; et ce n'est qu'en glissant qu'il parlera de l'impuissance humaine. Tout au contraire, il s'étendra amplement sur la vertu ou la puissance humaine, il indiquera par quels moyens elle peut être augmentée, afin que poussés ainsi, non par la crainte ou par l'aversion, mais par le seul sentiment de la joie, les hommes s'efforcent de vivre, autant qu'il est en eux, d'après les prescriptions de la raison.

CHAPITRE XXVI

O UTRE les hommes, nous ne connaissons nulle chose particulière, dans la Nature, dont l'âme nous puisse causer de la joie, et avec qui nous puissions nous unir par l'amitié ou par quelque autre genre de commerce. Par conséquent, tout ce qui existe dans la nature des choses, en dehors des hommes, la raison de notre utilité ne nous demande pas de le conserver; mais elle nous enseigne à l'épargner, à le détruire, suivant ses différents emplois, et à l'adapter à notre usage de toutes les manières[1].

---

1. Voyez page 49, la fin du Scholie I de la Proposition XXXVII.

CHAPITRE XXVII

L'UTILITÉ que nous retirons des choses qui sont en dehors de nous, outre l'expérience et la connaissance que nous acquérons par le fait même que nous les observons, et que nous les changeons de certaines formes en d'autres, c'est principalement la conservation du corps. Par cette raison, les choses utiles, sur toutes, ce sont celles qui peuvent nourrir et entretenir le corps de telle sorte, que toutes ses parties soient capables de s'acquitter parfaitement de leurs fonctions. Car plus le corps est apte à être affecté d'un plus grand nombre de manières, et à affecter les corps extérieurs de la même façon, plus l'âme est apte à penser. (Voyez les Propositions XXXVIII et XXXIX, partie IV de l'*Éthique*).

Mais bien peu de choses, dans la Nature, paraissent posséder ces propriétés. Et c'est pour cela qu'il est nécessaire, afin de nourrir le corps comme il convient, de faire usage d'un grand nombre d'aliments de diverse nature. Car le corps humain est composé de beaucoup de parties de nature différente, lesquelles ont besoin d'aliments continuels et variés, afin que le corps tout entier soit également apte à toutes les choses qui peuvent résulter de sa nature, et conséquemment afin que l'âme soit également apte aussi à concevoir un plus grand nombre de choses[1].

PROP. XXXIX. (*Éthique*, partie IV).

Ce qui conserve le rapport de mouvement et de repos que les parties du corps humain entretiennent les unes avec les autres, est bon : ce qui fait, au contraire, que les parties du corps humain entretiennent, les unes avec les

[1]. Voyez ci-dessous, page 89, la fin du Scholie de la Proposition XLV.

autres, un autre rapport de mouvement et de repos, est mauvais.

DÉMONSTRATION

Le corps humain a besoin, pour se conserver, de plusieurs autres corps. Or, ce qui constitue la forme du corps humain, consiste en ceci, que ses parties se communiquent leurs mouvements réciproquement, d'une façon déterminée. Donc ce qui conserve le rapport de mouvement et de repos que les parties du corps humain entretiennent les unes avec les autres, conserve par cela même la forme du corps humain, le rend propre à être affecté de beaucoup de manières, à pouvoir affecter les corps extérieurs d'un grand nombre de façons, et, par conséquent, est bon.

D'autre part, ce qui fait que les parties du corps humain prennent un autre rapport de repos et de mouvement, fait que le corps humain revêt une autre forme, c'est-à-dire le détruit, le rend par là même entièrement

inapte à pouvoir être affecté de plusieurs
manières, et conséquemment est mauvais

SCHOLIE

Jusqu'à quel point ces modifications peu-
vent-elles nuire à l'âme ou lui être utiles?
C'est ce que l'on expliquera dans la cin-
quième partie. Mais je veux remarquer ici
que j'entends, par la mort du corps, quand
ses parties sont disposées de telle sorte,
qu'elles prennent les unes à l'égard des
autres un autre rapport de mouvement et
de repos. Car je n'ose pas nier que le corps
humain, tout en conservant la circulation
du sang et les autres phénomènes qui font
croire qu'un corps est vivant, ne puisse
néanmoins être changé en une autre nature
entièrement différente de la sienne propre.
Aucune raison ne me force de déclarer,
en effet, que le corps ne meurt, qu'autant
qu'il est changé en cadavre. L'expérience
elle-même ne semble-t-elle pas nous montrer le contraire? N'arrive-t-il pas, par-

fois, qu'un homme souffre de telles modifications dans son individu, que l'on ne peut dire aisément que c'est le même homme? C'est ce que j'ai entendu raconter d'un certain poëte espagnol, lequel, atteint de maladie, et encore qu'il s'en fut relevé, oublia cependant à un tel point sa vie passée, qu'il refusait de reconnaître pour siennes les fables et les tragédies qu'il avait composées. Et, certes, s'il eût oublié aussi sa langue maternelle, on eût pu le prendre pour un adolescent déjà grand. Si la chose paraît incroyable, que dirons-nous des enfants? L'homme arrivé à un âge avancé croit que leur nature est si différente de la sienne, qu'il ne pourrait jamais se persuader qu'il a été enfant, s'il n'en tirait la conjecture pour lui, d'après les autres.

Mais pour ne pas donner matière aux superstitieux de soulever de nouvelles questions, j'aime mieux laisser ce sujet en suspens.

CHAPITRE XXVIII

M AIS, pour se procurer toutes ces choses, les forces de chacun y suffiraient malaisément si les hommes ne se prêtaient une mutuelle assistance. Toutefois l'argent a fourni le moyen de se pourvoir de tout ce dont l'on a besoin. D'où il s'est fait que son image occupe au plus haut point, d'ordinaire, l'âme du vulgaire, lequel ne peut imaginer nulle espèce de joie, pour ainsi dire, sans l'accompagner de l'idée de pièces d'argent, comme cause.

CHAPITRE XXIX

CE défaut, au surplus, est le propre de ces hommes qui recherchent l'argent, non point par indigence ou pour satisfaire aux nécessités de la vie, mais pour se produire avec magnificence, après avoir appris l'art de réaliser de beaux gains. Quant à leur corps, s'ils en prennent soin, c'est par habitude, mais parcimonieusement, parce que ce qu'ils dépensent pour sa conservation, c'est autant de perdu sur leurs biens, pensent-ils.

Mais pour ceux qui connaissent le véritable usage de l'argent, et qui règlent la mesure des richesses sur le besoin seul, ceux-là vivent contents de peu.

6

CHAPITRE XXX

A INSI donc, comme les choses bonnes
ce sont celles qui aident les diverses
parties du corps à s'acquitter de leurs
fonctions, et comme la joie consiste en
ceci que la puissance de l'homme, en
tant qu'il est composé d'un corps et d'une
âme, est favorisée ou augmentée, sont
bonnes conséquemment toutes les choses
qui apportent de la joie[1].

---

1. C'est pourquoi parmi les plaisirs utiles, nécessaires, capables de favoriser et d'augmenter la
puissance de l'homme, nous comptons les théâtres,
trop plaisamment qualifiés par la doctrine catho-
lique de « Pompes et œuvres de Satan ».

Oui! les théâtres, ce divertissement favori de la
démocratie athénienne, ce délassement raffiné,
moralisateur, si puissant pour adoucir les plaies de
l'âme et pour polir les natures incultes; les théâtres, cette récréation d'elite si éminemment propre
a faire naître au cœur des hommes, sans dom-

Cependant, comme les choses n'agissent point dans le but de nous causer de la joie, comme leur puissance d'agir ne se règle pas d'après notre utilité, et, enfin, comme la joie, la plupart du temps, se rapporte de préférence à une seule partie du corps: les passions de la joie, et conséquemment les désirs qui en naissent, si la raison et la vigilance ne font bonne garde, fort souvent sont sujettes à l'excès. Joint à cela que, sous l'empire de la passion, ce que nous considérons tout d'abord, c'est ce qui nous est agréable dans le présent, et que nous ne pouvons envisager l'avenir avec une force égale.

mage pour personne, cette joie saine et sereine qui augmente toutes les réalités d'un être, et le fait passer à une perfection plus grande ; les théatres, sous un bon gouvernement, dans une République sagement organisée, doivent être multipliés autant que possible, édifiés et aménagés d'une manière splendide, et mis à la portée des plus humbles bourses.

(Voyez le Scholie de la Proposit. XLIV, et le Scholie de la Proposition LX, partie IV, de l'*Éthique*).

PROPOSITION XLIV

L'amour et le désir peuvent avoir de l'excès.

. . . .

SCHOLIE

L'hilarité, que j'ai dit être bonne, se conçoit plus facilement qu'elle ne s'observe. En effet, les passions, auxquelles nous sommes en prise chaque jour, se rapportent la plupart du temps à une certaine partie du corps, qui est affectée de préférence aux autres. Par .suite les passions ont presque toujours de l'excès, et elles retiennent l'âme, avec une telle force, dans la contemplation d'un unique objet, qu'elle ne peut plus penser à autre chose. Et bien que les hommes soient sujets à une foule de passions, et que l'on en trouve rarement, à cause de cela, qui soient toujours en proie à une seule et même, il n'en manque pas cependant à qui une seule et même passion s'attache avec la dernière opiniâtreté. Ne voyons-nous pas, parfois, des hommes affectés de telle sorte par un seul objet que, encore qu'il soit absent, ils croient néanmoins l'avoir devant les yeux? Lorsqu'un fait de ce genre arrive à un homme éveillé, nous disons qu'il a le délire ou qu'il a perdu l'esprit. Et ceux-là ne passent pas pour être moins fous qui brûlent d'amour, et, nuit et jour, ne rêvent qu'à leur amante ou à une courtisane, parce qu'ils font rire, d'ordinaire. Mais lorsqu'un avare ne pense à nulle autre chose qu'au gain ou aux écus, lorsqu'un ambitieux ne songe qu'à la gloire, ceux-là ne passent pas pour dé-lirer, parce qu'ils sont insupportables d'ha-bitude, et qu'on les juge dignes de haine. Mais, en réalité, l'avarice, l'ambition, le libertinage, etc., sont des espèces de délire, bien qu'on ne les compte pas au nombre des maladies.

PROPOSITION LX

Le désir, naissant de la Joie ou de la Tristesse, qui se rapporte à une seule ou à certaines parties du corps, et non à toutes, n'a pas égard à l'utilité de l'homme tout entier.

. . . .

SCHOLIE

Ainsi donc comme la Joie, le plus souvent, se rapporte à une seule partie du corps, nous désirons donc conserver notre être, la plupart du temps, sans tenir aucun compte de notre santé tout entière. Joint à cela que les désirs qui nous tiennent le plus, ont égard au temps présent seulement, et non à l'avenir.

CHAPITRE XXXI

L A superstition, au contraire, paraît considérer comme un bien ce qui apporte de la tristesse, et, d'autre part, comme un mal, ce qui cause de la joie.

Mais, comme nous l'avons déjà dit (voyez le Scholie de la Proposition XLV, partie IV de l'*Éthique*), personne, si ce n'est un envieux, ne se réjouit de mon impuissance et de mes déplaisirs. Car, plus nous sommes affectés par une plus grande joie, plus nous passons à une plus haute perfection, et, conséquemment, plus nous participons de la nature divine. Et la joie, que règle la vraie raison de notre utilité, ne peut jamais être mauvaise.

Quant à celui qui est conduit par la

crainte, et qui ne fait le bien que pour
éviter quelque mal, celui-là n'est point
dirigé par la raison.

Scholie de la Proposition XLV

Entre la dérision (que j'ai dit être mauvaise au Corollaire I) et le rire, je reconnais une grande différence.

Le rire, en effet, de même que la plaisanterie, est une pure joie ; et, par conséquent,
pourvu qu'il n'ait pas d'excès, il est excellent par lui-même. Il n'y a, assurément,
qu'une triste et farouche superstition qui
défende de se divertir. Car, en quoi est-il
plus convenable d'apaiser la faim et d'éteindre la soif, que de chasser la mélancolie ?

Telle est ma manière de voir, et c'est
ainsi que j'ai tourné mon esprit.

Nulle divinité, ni personne autre qu'un
envieux, ne se réjouit de mon impuissance
et de mes déplaisirs, et ne nous tient à vertu

les larmes, les sanglots, la crainte, et autres
marques de cette sorte qui sont d'une âme
impuissante. Mais, au contraire, plus nous
sommes affectés par une plus grande joie, plus
nous passons à une perfection plus haute,
c'est-à-dire plus nous participons nécessairement de la nature divine.

Ainsi donc user des choses, et s'en dé-
lecter, autant qu'il se peut faire (non pas
vraiment jusqu'au dégoût, car ce n'est plus
là se réjouir), c'est le fait d'un homme sage.

Oui, dis-je, il est d'un homme sage de se
refaire par une nourriture et par des
boissons modérées et agréables; il est d'un
homme sage de se recréer par les parfums,
par le charme des plantes verdoyantes, par
la parure, par la musique, par les exer-
cices gymnastiques, par les théâtres et
autres distractions de ce genre, dont chacun
peut jouir, sans nul dommage pour autrui.

Car le corps humain est composé de beaucoup de parties de diverse nature, lesquelles
ont continuellement besoin d'aliments nou-
veaux et variés, afin que le corps tout entier

soit également apte à toutes les fonctions qui peuvent résulter de sa nature ; et conséquemment afin que l'âme soit également apte aussi à comprendre un plus grand nombre de choses.

Cette règle de vie s'accorde donc excellemment et avec nos principes et avec la commune pratique. C'est pourquoi, s'il en est quelque autre, celle-ci est la meilleure, et elle doit être recommandée instamment. Et il n'est pas besoin de parler plus longuement et plus clairement à ce sujet.

CHAPITRE XXXII

Mais la puissance humaine est fort limitée; et elle est infiniment surpassée par la puissance des causes extérieures; par suite, nous n'avons pas le pouvoir absolu d'adapter à notre usage les choses qui sont en dehors de nous.

Toutefois nous supporterons avec égalité d'âme les événements qui surviennent contre ce que demande la raison de notre utilité, si nous avons la conscience de nous être acquittés de notre devoir; si nous voyons que la puissance dont nous sommes maîtres n'a pu s'étendre jusqu'au point de nous faire éviter ces malheurs; et, enfin, si nous comprenons que nous sommes une partie de la Nature entière, dont nous suivons l'ordre.

Que si nous concevons cela clairement et distinctement, cette partie de nous-même qui est définie par l'intelligence, c'est-à-dire *la meilleure partie de nous-même*, se reposera pleinement en cette idée et s'efforcera de persévérer dans cette acquiescence. Car, en tant que nous sommes intelligents, nous ne pouvons rien désirer que ce qui est nécessaire ; et, absolument, trouver le repos que dans la vérité. Par conséquent, aussi longtemps que nous comprenons parfaitement toutes ces choses, aussi longtemps l'effort de la meilleure partie de nous-mêmes s'accorde avec l'ordre de la Nature tout entière.

APPENDICE

Si l'on voulait citer, pour l'intelligence de la conduite de la vie, tous les passages de Spinoza qu'il serait bon de reproduire, on transcrirait l'*Ethique* presque tout entière, une partie du *Traité Théologico-politique*, une partie de la *Réforme de l'entendement*, etc. Toutefois, voici un fragment de la Ve partie de l'*Ethique*, composé vraisemblablement après notre petit *Traité de Morale*, et que nous avons jugé utile d'y adjoindre, afin de le rendre aussi complet que possible.

PROPOSITION X (*Éthique*, partie V).

Tant que nous ne sommes pas en proie aux passions contraires à notre nature, nous avons le pouvoir d'ordonner et d'enchaîner les passions du corps, selon l'ordre de l'entendement.

. . . .

SCHOLIE

Par ce pouvoir de bien ordonner et d'enchaîner les passions du corps, nous pouvons arriver à n'être point facilement affectés par les passions mauvaises; car il faut une plus grande force pour entraver des passions ordonnées et enchaînées selon l'ordre de l'entendement, que pour réprimer des passions incertaines et vagues.

Ce que nous pouvons donc faire de mieux, tant que nous ne possédons pas une connaissance parfaite de nos passions, c'est de concevoir une droite manière de vivre, c'est-à-dire des principes certains de conduite, et de les rappeler à notre mémoire, et de les appliquer constamment aux choses particulières qui se présentent si fréquemment à nous dans le cours de notre existence, afin que, de cette façon, notre imagination reçoive l'empreinte profonde de ces principes, et que nous les ayons toujours sous la main, pour ainsi dire.

Par exemple, parmi les règles de la vie, nous avons posé qu'il faut vaincre la haine par l'amour, c'est-à-dire par la générosité, et non répondre à la haine par une haine réciproque.

Or, pour que nous ayons toujours présente à l'esprit, quand il en sera besoin, cette prescription de la raison, il nous faut souvent penser aux injustices ordinaires des hommes, souvent méditer sur elles, et comment et par quel moyen on les écarte le mieux par la générosité. C'est ainsi que nous joindrons l'image de l'injustice à la représentation de ce précepte, et que nous l'aurons toujours devant les yeux, dès que l'on nous causera quelque tort.

De même si nous avons présent à l'esprit que la raison de notre utilité véritable, comme celle de notre véritable bien, résulte de la mutuelle amitié et de la société commune des hommes; de plus, que, d'une droite manière de vivre, naît la plus grande tranquillité d'âme, et que les hommes, comme les autres choses, agissent d'après la nécessité de leur nature, alors l'idée de l'injustice, et la haine qui en provient d'habitude, n'occuperont que la plus faible partie de notre imagination, et seront facilement surmontées. Ou bien si la colère, que provoque ordinairement la vue d'injustices abominables, n'est point par cela même aisément dominée, elle le sera cependant beaucoup plus rapidement, non sans fluctuations d'âme, il est vrai, que si nous n'avions pas médité par avance ces règles de conduite, comme cela est évident par les Propositions VI. VII et VIII de cette partie.

C'est de la même façon qu'il faut méditer sur le courage, pour se délivrer de la crainte : c'est à savoir en énumérant et en se représentant fréquemment les périls ordinaires de la vie, et comment, par la présence d'esprit et par la fortitude, l'on peut le mieux les éviter et en triompher.

Mais remarquons que, tandis que nous ordonnons nos pensées et les images des choses, il nous faut toujours porter notre attention sur ce qui est bon, dans chaque objet, afin que, de cette façon, nous soyons constamment déterminés à agir par un sentiment de joie.

Si quelqu'un voit, par exemple, qu'il poursuit la gloire avec trop d'ardeur, il songera au droit usage de la gloire, dans quelle fin elle doit être poursuivie, par quels moyens elle peut être acquise; mais il n'arrêtera point sa pensée sur l'abus et la vanité de la gloire, sur l'inconstance des hommes, et autres particularités de ce genre, auxquelles personne ne peut réfléchir sans une certaine amertume.

C'est par de telles pensées, en effet, que les ambitieux se tourmentent le plus, quand ils désespèrent d'atteindre aux honneurs qu'ils briguent; et, tandis qu'ils exhalent leur ressentiment, ils veulent passer pour sages. Aussi il est certain que les hommes les plus avides de gloire, ce sont ceux-là, précisément, qui crient le plus fort contre l'abus de la gloire et la vanité du monde.

Et cette manie n'est pas propre aux ambitieux seulement. Elle est commune à tous ceux à qui la fortune est contraire, et qui ont une âme impuissante.

Ainsi le pauvre, même avare, ne cesse de parler de l'abus de l'argent et des vices des riches ; par où il n'aboutit qu'à s'affliger lui-même, et à montrer aux autres que ce n'est pas sa pauvreté seule qu'il supporte avec peine, mais encore la fortune d'autrui.

De même, encore, ceux qui ont été mal reçus par leur amante, ne pensent plus qu'à l'inconstance des femmes, à leur esprit trompeur, et aux autres défauts que l'on rebat sur leur compte. Rentrent-ils dans leurs bonnes grâces ? Tout cela est aussitôt oublié !

Ainsi donc celui qui s'étudie à modérer ses passions et ses appétits par le seul amour de la Liberté, celui-là s'efforcera, autant qu'il se peut faire, de connaître leurs vertus et leurs causes, et de remplir son âme de la joie que fait naître leur vraie connaissance ; mais il ne s'occupera nullement de contempler les vices des hommes, de rabaisser l'espèce humaine, et de se réjouir d'une fausse apparence de liberté. Et

qui observera avec soin ces préceptes, lesquels ne sont pas difficiles, et les mettra en
pratique, pourra certes, dans un court es-
pace de temps, diriger presque toujours ses
actions d'après le commandement de la
raison.

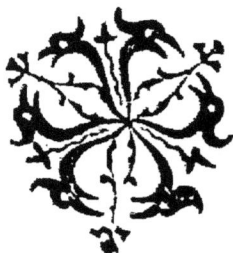

TABLE

PARIS. — Impr. J. CLAYE. — A. QUANTIN et C', rue St-Benoit.

www.ingramcontent.com/pod-product-compliance
Lightning Source LLC
Chambersburg PA
CBHW051742090426
42738CB00010B/2377